Almuth Bartl

Total relaxed

westermann

Dieses Werk folgt der reformierten Rechtschreibung und Zeichensetzung 2006.

Druck A[1] Jahr 2007

Lektorat: Hedy G. Barth-Rößler
Illustrationen: Anke am Berg
Herstellung und Satz: PER Medien+Marketing GmbH, Braunschweig
Umschlaggestaltung: Anke am Berg
Druck und Bindung: westermann druck GmbH, Braunschweig

ISBN 978-3-14-**164004**-5

Nur die Ruhe

Stille ist ein Schweigen,
das den Menschen
Augen und Ohren öffnet
für eine andere Welt.
Serge Poliakoff

Stress, Aufregung, Anspannung und Frust hinterlassen ihre Spuren bei den Kindern. Sie werden nervös, verhaltensauffällig und zunehmend aggressiv.
Die hier empfohlenen spielerischen Übungen für zwischendurch lösen Verspannungen, helfen, das Nervensystem zu stabilisieren und wirken wohltuend auf das innere Gleichgewicht.
Das Vorbild der Eltern ist extrem wichtig. Ihr Mitmachen bewirkt nicht nur die eigene Entspannung, sondern fördert das soziale Verhalten der Kinder durch gegenseitiges Unterstützen, gegenseitige Rücksichtnahme und Akzeptanz. Das wiederum stärkt das Selbstvertrauen der Kinder und ihre Lebensfreude.

Das Mauseloch

Viele Kinder werden nur dann nervös und gereizt, wenn sie sich überfordert fühlen. Überfordert durch das Lernpensum, durch den Geräuschpegel, durch die ständig wechselnden optischen und akustischen Reize usw.
In solchen Fälle hilft ein kleines Versteck, in dem ein Kind sich für kurze Zeit in seinem „Mauseloch“ verkriechen kann. So ein Versteck kann ein kleines Zelt sein oder ein Riesenkarton, der in einer Ecke des Kinderzimmers steht, ein umgedrehter Stuhl oder Sessel, ein Tisch mit sehr langem Tischtuch, unter dem man sich für fünf Minuten hineinkuscheln kann, die Augen schließen kann und einfach mal nicht da sein muss.

Wer erkennt den Königssohn?

Dornröschen liegt auf seinem Spezialbett oder in Ermangelung eines solchen sitzt Dornröschen auf einem Stuhl und schläft. Damit es auf gar keinen Fall vorzeitig erwacht, werden dem schönen Kind die Augen mit einem Tuch verbunden.
Alle potentiellen Königssöhne stellen sich in einiger Entfernung um Dornröschen im Kreis auf. Jetzt gibt die Spielleiterin einem Prinzen ein Zeichen. Der Jüngling geht forschen Schrittes zu

Dornröschen und umkreist sie dreimal – ohne dabei auch nur „Pieps“ zu sagen.
Na, kann Dornröschen angeben, wer der Königssohn ist?
Wenn sie den richtigen Namen nennt, wird ihr die Augenbinde abgenommen und die erlöste Maid darf ein weiteres Dornröschen auswählen.
Wird ein Königssohn nicht an seinen Bewegungen erkannt, darf er mit verstellter Stimme einige Worte an Dornröschen richten, damit auch er erkannt wird und seinem Glück nichts mehr im Wege steht.

Tipp: Lach doch mal!

Nicht vergessen: Entspannung ist nichts Heiliges oder Ernstes. Nehmen Sie nicht alles so ernst! Lachen Sie auch während der Entspannungsspiele mit Ihrem Kind! Blödeln Sie herum, denn das tut dem Kind gut und Ihnen auch.

Im Land des Lächelns

Ein Lächeln erfreut nicht nur die Person, der das Lächeln gilt, es entspannt auch die eigenen Gesichtsmuskeln und macht dem Empfänger wie dem Absender gute Laune. Heute wird also der Tag des Lächelns ausgerufen und alle Familienmitglieder versuchen, bis zum Abend so viele Personen wie möglich anzulächeln. Am Abend dann darf jeder erzählen, welche Erfahrungen er gemacht hat. Wie haben die angelächelten Personen reagiert? Wer hat zurück gelächelt, wer schaute nur verwundert, mit wem ist man ins Gespräch gekommen, …?
Eine interessante Erfahrung für die Kinder!

Das Atemspiel

Ein Spiel zum Ankuscheln und Aufwärmen für ein krankes, trostbedürftiges Kind: Das Kind liegt auf dem Bauch des Erwachsenen. Der gibt beim Atmen den Rhythmus vor:
Erst atmet er schnell und flach, dann langsam und tief. Das Kind atmet genauso mit. Ein zärtliches Spiel, das großen und kleinen Spielern Spaß macht.

Entspannung macht stark

Kinder, die gelernt haben sich bewusst zu entspannen, sind emotional stabil und entwickeln dauerhaft Selbstvertrauen und Lebensfreude.
Entspannte Kinder sind oft fantasievoll und kreativ und können sich auch gut in andere Menschen einfühlen, was ihnen wiederum besonders im Umgang mit Freunden und Geschwistern zugutekommt.
Darüber hinaus führt bewusste Entspannung auch zur bewussten Wahrnehmung des eigenen Körpers und beugt damit Unfällen vor.

Streichelei

Auf dem Tisch liegen einige Gegenstände mit unterschiedlicher Oberflächenstruktur. Gut eignen sich z.B.: eine Feder, eine Kleiderbürste, eine Zitrone, ein Stückchen Pelz und ein Wattebausch.
Das Kind kneift die Augen zu, und die Mama streichelt mit einem dieser Dinge über die Kinderhand. Nun wird geraten: „Was hat mich da gestreichelt?“
Das ist gar nicht so schwierig, wenn man vorher ein bisschen Zeit hatte, sich mit den unterschiedlichen Oberflächen zu beschäftigen.

Das Kraftpaket

Wenn alle Familienmitglieder gemütlich beisammen sitzen, ist der richtige Moment gekommen, um Kraftpakete zu verschicken. Jeder wird aufgefordert an einen Menschen zu denken, der ein bisschen Kraft gut gebrauchen könnte. Vielleicht erzählt die Oma von ihrer Nachbarin, die im Krankenhaus liegt.
Alle schließen die Augen, denken ganz fest an diese Person und schicken Kraft ans Krankenbett.
Jeder kennt irgendeinen Menschen, der unsere Kraft braucht: Der Papa denkt an Seeleute, die gerade auf hoher See gegen einen Sturm ankämpfen. Dem Timo fällt eine Mitschülerin ein, die in den Ferien in eine andere Stadt zieht und gar keine Lust dazu hat. Und während wir so unsere Kraftpakete schnüren, wird es jedem auf seine Weise klar, wie gut es ihm, eingebettet in dieser Familie, doch eigentlich geht …

Ein Tag im Bett

Wer nicht allzu viele Kinder sein Eigen nennt, sollte unbedingt einmal – vielleicht am nächsten verregneten Sonntag – den ganzen Tag im Bett bleiben.

Da kann man spielen, kuscheln, lesen, fernsehen, futtern, vor sich hin träumen, Geschichten erzählen und man fühlt sich so wundervoll geborgen und gemütlich.

Tja, und wer keine Lust mehr hat, der steht einfach auf.

Zeit für Kinder

Zugegeben, es ist nicht einfach, Beruf, Familie, Haushalt, Freunde, Hobbys, Verwandte und alles andere unter einen Hut zu bringen. Aber was nützt der höfliche Besuch bei Verwandten, wenn man dabei ein schlechtes Gewissen hat, dass man mal wieder keine Zeit hat, mit dem Jüngsten Fußball zu spielen oder sich in Ruhe diverse Schulkatastrophen der großen Tochter anzuhören.

Es gibt nur eine wirkliche Hilfe: Sagen Sie Nein!

- Sagen Sie Nein, wenn sich auch dieses Wochenende wieder diverse Besucherscharen anmelden.
- Sagen Sie Nein, wenn sich Freunde, Nachbarn und Verwandte auch an diesem Wochenende im Ausrichten diverser Feiern übertreffen wollen. Es geht einfach nicht, jeden zu befriedigen. Das soll nicht heißen, dass Sie in Zukunft auf Freunde verzichten müssen – aber: alles im Rahmen des Vertretbaren!

Weitere Tipps für Zeit mit Kindern

- Klar, so wahnsinnig sinnvoll erscheint es einem gestressten Vater nicht, mit dem Zweijährigen am Feldweg zu sitzen und kleine Steinchen zu betrachten. Aber genau hierin liegen diese besonderen Momente, auf die man sich doch eigentlich so sehr gefreut hat und die im Grunde wichtiger sind, als die neuesten Tennisergebnisse des Nachbarn zu beklatschen.
- Es sind immer die Details, die ein erfülltes Familienleben ausmachen, die Augenblicke der klitzekleinen Sensationen, das Innehalten und Staunen über ein Käferchen, das sich genau auf dieser einzigartigen feuchtschmutzigen Kinderhand niedergelassen hat.
- Genau diese Augenblicke sind es wert, sich ein paar Minuten Zeit zu nehmen, um alles zu notieren, wozu man an den nächsten Wochenenden Nein sagen kann, zum Wohle der Kinder, zum Wohle der Familie!

Regentropfen-Rennen

Beim Regentropfen-Rennen sucht man sich schnell einen Regentropfen aus, der gerade an die Fensterscheibe geklatscht ist, und verfolgt ihn mit dem Finger bis zum unteren Fensterrand.
Da gibt es Tropfen, die ganz schnell die Scheibe hinunterlaufen, und andere, die ganz langsam, in vielen Windungen, die Scheibe hinunterrinnen. Ein entspannender „Langeweile-Killer“ für Regentage!

Kirchenbesuch

Wer mit Kindern an einer Kirche vorbeikommt, sollte nie versäumen, für ein paar Minuten hineinzugehen und die Stille, Ruhe und Kühle zu genießen.
Die Menschen in der Kirche bewegen sich meistens ganz langsam und leise.
Ein paar Minuten lang in einer Kirchenbank zu sitzen und diese besondere Atmosphäre zu genießen, entspannt und erfrischt für alle weiteren Unternehmungen.

Rückenbilder

Das Kind sitzt mit dem Rücken zum Erwachsenen. Der malt ihm mit dem Finger ein ganz einfaches Bild auf den Rücken, zum Beispiel ein Haus, eine Blume oder ein Auto. Das Kind muss sich sehr konzentrieren und ganz ruhig sitzen, um herauszubekommen, was da gerade gezeichnet wird.
Kinder, die bald in die Schule kommen, sind meistens sehr stolz, wenn sie schon ein paar Zahlen oder Buchstaben kennen. Also schreiben wir eben auch Zahlen und Buchstaben oder vielleicht sogar beides in Kombination auf den Rücken.

Völlig losgelöst ...

Lesen Sie Ihrem Kind zwischendurch, wenn die Anspannung groß geworden ist, eine kurze Geschichte vor oder erzählen Sie etwas aus Ihrem Leben.

Eine Geschichte ist eine Reise. Sie führt die Gedanken fort in eine andere Welt. Die Kinder lösen sich von negativen Gedanken oder Ängsten und entspannen. Und das Tollste ist: Danach wirkt jedes Problem viel kleiner als zuvor.

Tipp: Die vorbildliche Entspannung

Entspannung gelingt Kindern immer dann am besten, wenn sie sehen, wie selbstverständlich ihre Eltern Entspannungspausen in ihren Alltag einbauen.

Die Verwandlung

Bei diesem kleinen Spiel zeigt sich schnell, wer Fantasie besitzt. Ein Spieler wählt einen beliebigen Gegenstand in der Wohnung aus, zum Beispiel die Stehlampe, und benennt einen Mitspieler, der nun von seinem Leben als Stehlampe berichtet.

So könnte die Stehlampe vielleicht erzählen, dass sie sich immer so geärgert hat, dass sie nie ihren Platz verlassen konnte, bis sie dann doch einmal eines Nachts, als alle schliefen, den Stecker mit einem Ruck aus der Steckdose zog und nun endlich einmal ganz heimlich in die Küche schleichen konnte.

Wer seine Geschichte erzählt hat, sucht einen anderen Gegenstand aus, diesmal vielleicht Opas Gummistiefel, und benennt einen anderen Mitspieler, der nun an der Reihe ist, eine Geschichte zu erzählen.

Augenschalen

Wer viel gelesen oder gemalt hat, kann seinen müden Augen etwas Gutes tun: Hände so lange aneinander reiben, bis sie warm sind. Dann formt man die Hände zu Schalen, die man über die Augen deckt. Die geschlossenen Augen genießen die wohltuende Wärme.

Traum aus Schaum

Papa (Opa, Onkel) wird um eine große Portion Rasierschaum gebeten, den man vorsichtig auf eine Plastikunterlage gleiten lässt. Nun kann das Kind den Schaum wie ein Bildhauer bearbeiten, indem es ihn mit Löffel, Spachtel und anderen Geräten modelliert. Vielleicht wird es ein Saurier oder ein Reiterdenkmal, eine Gebirgslandschaft oder ein Schaumhaus …

Schaumige Kunst

Rasierschaum ist herrlich zum entspannenden Spielen geeignet. Man bestreiche einen Teil des Badezimmerbodens sorgsam mit Schaum und male mit Fingern, Zehen und was noch so zu finden ist, Bilder, Zeichen, Spuren in den „Schnee“.

Hör mal!

Das Kinderzimmerfenster wird weit geöffnet. Das Kind setzt sich entspannt hin und lauscht den Geräuschen, die von draußen herein klingen. Je länger es konzentriert lauscht, umso mehr verschiedene Geräusche kann es unterscheiden: Eine Autotür wird zugeschlagen, Blätter rauschen, der Hausmeister kehrt den Bürgersteig und schimpft leise vor sich hin, von irgendwo hört man leise Musik, Vögel zwitschern, …

Tipp: Gut hören

Die meisten Menschen hören besonders gut, wenn sie dabei ihre Augen schließen.

Geräuscheraten

Die ganze Familie sitzt am Tisch. Alle, bis auf einen, schließen die Augen. Wenn es still ist, macht der „sehende" Spieler ein Geräusch, z.B. schlägt er ein Buch zu, lässt einen Löffel auf den Tisch fallen oder schlägt die Zeitung auf. Die Mitspieler raten, wie das Geräusch verursacht wurde. Wer die richtige Geräuschquelle nennt, gibt das nächste Rätsel auf.

Müde bin ich ...

Ein Kind stellt sich vor die Mitspieler. Seine Aufgabe besteht darin, die Freunde zum Gähnen zu bringen. Es streckt und räkelt sich zuerst ausgiebig. Die Mitspieler ahmen ihm alles nach. Dann atmet es tief durch den offenen Mund, schließt schon mal die Augen und gähnt lang und tief aus dem Bauch heraus. Immer wieder räkelt es sich, bis schließlich auch die Mitspieler anfangen, herzhaft zu gähnen.
Es ist interessant zu erleben, wie „ansteckend" das Gähnen auf die Mitspieler wirkt.

Kopfmassage

Mit den Fingerkuppen den kleinen Kopf massieren tut jedem Kind gut und wirkt entspannend. Größere Kinder müssen bei der Kopfmassage raten, mit wie vielen Fingern da gerade massiert wird. Das ist gar nicht so einfach!

Wimmeln

Mama oder Papa betrachten mit dem Kind ganz genau ein Wimmelbild. Zusammen spricht man über die Figuren, die dargestellt sind, über den Ort, die Jahres- und Tageszeit, über Farben und Formen. Nach einer Weile beginnt der Erwachsene so: „Ich sehe ein Tier, das sich hinter dem Baum versteckt …“ Das Kind „antwortet“, indem es auf den passenden Gegenstand zeigt. „Ich sehe einen kleinen, grünen Gegenstand, den man im Garten braucht …“

Tipp: Konzentriert entspannen

Was zuerst ein bisschen widersprüchlich klingt, wird jedem schnell klar, der es erstmal ausprobiert. Durch bewusste Aufmerksamkeit, die man auf ein bestimmtes Körperteil lenkt, zum Beispiel die linke Schulter, wird in diesem Bereich die Durchblutung angeregt. Man fühlt an dieser Stelle wohlige Wärme und entspannt.

Seifenblasen-Bilder

Für diese entspannende Beschäftigung braucht man ein paar Döschen Seifenblasenflüssigkeit und ein paar große Bögen weißes Papier (Tapetenreste gehen auch), Tesafilm und Lebensmittelfarbe.
Zuerst werden im Freien die Papierbögen nebeneinander, z.B. an einer Holzwand oder am Gartenzaun, mit Tesafilm befestigt. In jedes Döschen Seifenblasenflüssigkeit mischt man ein paar Tropfen einer Lebensmittelfarbe und rührt mit dem Blasestäbchen gut um.
So, jetzt kann die künstlerische Arbeit beginnen! Einfach das Blasestäbchen in die Flüssigkeit tauchen, so pusten, dass die Seifenblasen auf dem Papier zerplatzen. Nach und nach entstehen die tollsten Muster. Die fertigen Bilder kann man – nach entsprechender Bewunderungszeit – als Geschenkpapier benützen.

Zur Ruhe trommeln

Das Kind sitzt gemütlich auf seinem Stuhl, schließt die Augen, beugt sich nach vorne und legt seine Stirn auf die verschränkten Arme auf dem Tisch. Der Erwachsene stellt sich hinter das Kind und trommelt sanft zuerst mit den Fingerkuppen, dann mit beiden Händen auf seinen Rücken. Das Kind öffnet entspannt seinen Mund und lässt einen tiefen Ton ertönen, der durch das Trommeln auf seinem Rücken ganz besonders komisch klingt. Eine Übung, bei der Verspannungen gelockert werden und auch leicht überdrehte Kinder zur Ruhe finden.

Spielerisch im Gleichgewicht

Auf dem Boden wird ein Seil in Kurven und Windungen ausgelegt. Das Kind balanciert ganz langsam Schritt für Schritt von einem Ende zum anderen. In jeder Runde werden die Windungen noch enger gelegt und damit schwieriger zum Gleichgewicht halten.

Wer damit keine Probleme mehr hat, versucht mit geschlossenen Augen oder auch mal rückwärts über das Seil zu balancieren.

Nur die Ruhe!

Omas und Opas verfügen meist über eine innere Gelassenheit, die den Enkelkindern ausgesprochen gut tut.

- ★ Großeltern haben ihr Leben mehr oder weniger gut gemeistert, Erfolge und Misserfolge bestanden, Krisen durchgemacht.
- ★ Bei den Großeltern klingelt nicht ständig das Telefon.
- ★ Bei Opa und Oma fliegen nur selten die Legosteine durchs Wohnzimmer.
- ★ Bei den Großeltern ist der Haushalt meistens perfekt durchorganisiert, und selbst der Hund bellt nur ganz leise.
- ★ Unverwundbar sind Oma und Opa natürlich auch nicht, aber sicherer: Aus Erfahrung wissen sie, dass sie mit Belastungen fertig werden.

Und noch etwas kommt den Kindern bei den Großeltern zugute:

- Oma und Opa machen alles viel, viel langsamer! Wenn Oma die Karotten schält, ist es wunderbar entspannend ihr dabei zuzusehen. Wenn die Mama Karotten schält, hält sie in einer Hand das Handy und telefoniert, wärmt unterdessen noch das Babyfläschchen und ruft dem ältesten zu, die Musik leiser zu machen. Oma macht das nicht so.
- Von der Gelassenheit ihrer Großeltern können Kinder eine Menge profitieren. Weil es bei ihnen entspannter zugeht, fühlen sich viele Kinder hier so wohl und tanken Kraft.
- Darum unterstützen Sie den Kontakt zwischen Großeltern und Kindern und sehen locker über die Portion Extra-Gummibärchen hinweg, die ihr Kind bei den Großeltern einheimst!

Die Affen turnen durch den Wald

Zuerst verwandeln sich hibbelige Kinder in Affen: Jeder beugt sich langsam nach vorne, gerade soweit, dass die Fingerspitzen den Boden berühren. Der Kopf hängt locker nach unten, dann geht's los! Die Affen hüpfen durch das Zimmer und lassen ihre Arme locker hängen – es sei denn, sie müssen sich mal kurz am Rücken kratzen oder voller Stolz auf die Brust schlagen.
Dazu dürfen die entsprechenden Urwaldgeräusche nicht fehlen: Jeder Affe brüllt oder grunzt mit lockerem Unterkiefer. Das entspannt die Mund- und Kiefermuskeln – es sei denn, man muss lachen, aber das wiederum entspannt die Gesichtsmuskeln und macht gute Laune.

Tipp: Ein bisschen Stille

Nicht alle Vergnügen dieser Welt kommen laut und wild daher. Es gibt Momente, da liegt das Kind vielleicht in seinem Zimmer auf dem Boden und starrt an die Decke. Kein Grund zur Sorge. Das Kind genießt die Stille. Es braucht solche Pausen, um die vielen neuen Eindrücke zu verarbeiten.

Das chinesische Stäbchenspiel

Dem Kind werden die Augen verbunden und zwei Essstäbchen als „Tastorgane“ in die Hand gegeben. Die Mitspieler suchen jetzt einen beliebigen, nicht zu kleinen Gegenstand aus, z. B. eine Zitrone oder ein Teesieb, einen Kerzenständer oder das Sparschwein. Kann das Kind mit seinen neuen Tastorganen erraten, um welchen Gegenstand es sich handelt?

„Entspannende“ Geschenke für Kinder

- Ein Schnupperkurs „Bogenschießen“. Dieser Sport entspannt besonders durch die Abwechslung zwischen Anspannung und Entspannung und trainiert die Konzentration,
- Bücher mit positivem Inhalt, Ausmalbücher für die Kleinen, Bücher mit Ausmal-Mandalas für die Größeren,
- Malutensilien aller Art,
- Entspannungsmusik (Gut: Klassik für Kids),
- ein Handschmeichler für die Hosentasche,
- ein Kuscheltier (mit Wärmflasche im Bauch),
- ein Lammfell oder eine weiche Kuscheldecke,
- ein superweiches, kleines Daunenkissen,
- Kinderknete mit Modellierutensilien,
- Yoga-Kurs für Kinder,
- Spieluhr,
- Fingerfarbe/Badewannenfarbe,
- Seifenblasen,
- eine Hängematte (vielleicht im eigenen Zimmer),
- Bastelspiele zum Auffädeln von Perlen,
- eine Kassette mit einer Geschichte von Mama, Papa, Oma, … gelesen.

Die Jahreszeiten

Mama und Kind schauen aus dem Fenster und stellen sich vor, wie die Gegend aussehen würde, wenn es jetzt nicht Sommer sondern Winter wäre, statt Frühling Herbst usw. Natürlich ändert sich nicht nur die Natur, sondern auch die Kleidung der Passanten, die Dekoration in den Schaufenstern und vieles mehr. Ein beruhigendes Fantasiespiel für Kinder.

Der Wetterdienst

Das Kind liegt auf dem Bauch, und die Mama tritt zur Wettervorhersage an. Sie zeigt auf dem Rücken des Kindes, wie das morgige Wetter wird. Zuerst ist es ziemlich windig. Mama bläst erst leicht, dann immer heftiger über die Haut des Kindes.
Oh je, jetzt fängt es auch noch an zu regnen! Sanft klopfen die Fingerkuppen auf den Kinderrücken. Und der Regen wird noch stärker! Die Fingerkuppen trommeln jetzt auf dem Rücken, werden dann aber wieder schwächer und verziehen sich.
Schließlich kommt die Sonne hinter den Wolken hervor und scheint dem Kind warm auf die Haut. Dazu haucht die „Wettermama“ warme Luft auf den Kinderrücken.

Stresskiller

Stress ist die Bezeichnung für eine hohe Form der Beanspruchung, die sich auf die Psyche genauso wie auf die Befindlichkeit des Körpers auswirkt.
Meistens versteht man unter Stress die Symptome, die durch auslösende Faktoren z. B. Lärm, Schlafdefizit, hohe Erwartungshaltungen, Angst, Reizüberflutung, persönliche Schicksalsschläge, … entstehen. In ganz besonderem Maße wird Zeitmangel als Ursache für Stress genannt.
Stress beginnt individuell unterschiedlich, ist also ein Maß für subjektive Empfindungen bezüglich bestimmter Leistungsanforderungen.

Nur nicht alles richtig machen!

Kein Erzieher wird ernsthaft von sich behaupten, im Umgang mit Kindern noch nie einen Fehler gemacht zu haben. Fehler gehören dazu. Das Kind nimmt keinen Schaden, wenn ab und zu etwas schief läuft. Im Gegenteil: Die Achtung des Kindes vor seinen Eltern wird eher zunehmen, wenn es erlebt, dass sich der Erwachsene zu einem Fehler bekennt und sich ggf. auch bei seinem Kind entschuldigt. Sehen Sie die Sache locker und denken Sie daran, dass jeder Fehler, den man sich eingesteht, Folgefehler verhindert.

Der größte Fehler ist, Angst zu haben, einen zu machen.

Platz da!

Kinder brauchen für ihre Entwicklung Platz. Es ist eine traurige Tatsache, aber sehr viele Kinderzimmer sind „Kinderkammern". Räumliche Enge erzeugt Stress. Auch Streit unter Geschwistern resultiert sehr oft aus räumlicher Enge. Zeigen Sie sich großzügig, tauschen Sie Schlafzimmer gegen Kinderzimmer, damit sich der Nachwuchs entfalten kann.

Balance

Es klingt paradox, aber Kinder sind totale Langweiler! Nichts lieben sie mehr als eine deutliche Struktur ihres Lebens, einen möglichst immer gleichen Tagesablauf, ordentliche Familienverhältnisse, Zuverlässigkeit und Treue. Dagegen bewirken Hetze, Zwang und einschneidende Veränderungen (Streit der Eltern, neues Geschwisterchen, Krankheit oder Perspektivlosigkeit der Eltern, ...) Nervosität, Unsicherheit und Angst. Wiederholung und „Trott" geben dem Kind Sicherheit und polstern es ab gegen Stress.

Kinderzimmergestaltung

Die Gestaltung des Kinderzimmers, in dem das Kind viele Stunden am Tag verbringt, kann Stress fördern.
Setzen Sie sich immer wieder einmal im Kinderzimmer auf den Boden und betrachten Sie besonders die Wände mit kritischen Augen. Entfernen oder ersetzen Sie dann alles, was möglicherweise ein Grund für Nervosität, Ablenkung und Aggression sein könnte, z.B. zu viele Spielsachen, schlechte Luft, schlechtes Licht, viele kleine Bilder, Poster und Mobiles, ...

Fundbüro im Kinderzimmer

In jeder Familie sollte es eine Schachtel geben, in der man Fundstücke, meistens Teile von Spielsachen, Haarspangen, partnerlose Handschuhe, … sammeln kann.

Eine Truhe oder Kiste mit Deckel ist dazu prima geeignet. Anstatt großes Aufheben um herumliegende Mützen, Socken, Stifte und vieles mehr zu veranstalten, werden die Sachen vom Finder einfach in die Fundgrube gelegt.
Wie oft entdeckt man ein seltsam geformtes Plastikteil und kein Mensch weiß, was das ist und wo es hingehören könnte. Viel zu spät erkennt man dann mit Schrecken, dass es sich um die Batterie-Abdeckung des Rennautos oder um ein Teil der Balkonbrüstung vom Puppenhaus gehandelt hat. Wer etwas vermisst, weiß, wo er zuerst nachschauen muss. Einmal in der Woche – an immer dem gleichen Wochentag zur gleichen Tageszeit – werden die Reststücke von einem Familienmitglied an die Mitbewohner verteilt. Klar, dass diese Aufgabe in jeder Woche ein anderes Familienmitglied übernimmt.

Kein Stress am Morgen

Eine halbe Stunde früher aufstehen als normal und der Tag läuft für alle Familienmitglieder viel entspannter, fröhlicher und erfolgreicher ab. Den Frühstückstisch kann man, zumindest teilweise, schon am Abend vorher decken. Eine Überraschung zum Frühstück gefällig? Wie wäre es mal mit frischgebackenen duftenden Waffeln, Pfannkuchen, French Toast (Arme Ritter), Obstsalat, ein ausgefallenes Müsli – z.B. Kokosnuss-Rosinen-Müsli, ein toller selbst gemixter Saft aus Ananas, Orange und Mangos ... Aber auch der Anblick des Frühstückstisches kann einem schon den ganzen Tag versüßen. Schön gefaltete bunte Servietten, lustige Strohhalme, an jedem Platz ein kleines Kerzchen (beruhigt!), ein bunter Frühlingsblumenstrauß, eine kleine Überraschung (z.B. ein Mini-Päckchen Rosinen) in jeder Frühstückstasse oder einmal das „gute“ Sonntagsgeschirr auf den Tisch stellen ...

Verwenden Sie ein paar Minuten der gewonnenen Zeit mit Morgensport, z.B. ein kurzer Lauf ums Haus, einen Rock 'n' Roll zu heißer Musik, …
Hören Sie morgens Radio? Vermeiden Sie solche Sender, die ausgerechnet zur Frühstückszeit detaillierte Schilderungen von Kindesmisshandlungen und Massenmorden bringen. Wie muss man geartet sein, um dabei nicht das letzte Fünkchen seiner Guten-Morgen-Laune zu verlieren?
Merke: So wie das Frühstück, verläuft der Tag!

Schlaf dich fit

Grundschulkinder brauchen in der Regel mindestens zehn Stunden Schlaf. Aber auch ältere Kinder müssen ausreichend schlafen. Studien belegen, dass der Unmut und Leistungsabfall pubertierender Kinder häufig auf deren Schlafdefizit zurückzuführen ist.

Der „Wake-up"-Service

Wecken Sie Ihr Kind fünf Minuten zu früh und gestatten Sie ihm dann diese fünf Minuten noch mal ganz bewusst in der Wärme seines Bettchens zu kuscheln. Da kann es sich einkringeln und genießen. Ein Kind ist kein Rennwagen und von Null auf Hundert in drei Sekunden, das schaffen nur ganz wenige. Muss ja auch nicht sein. Diese fünf Minuten am Morgen sind wunderbar. Man kann sich seelisch auf seinen Tag vorbereiten und steht dann meistens, fünf Minuten später, problemlos und völlig entspannt auf.

Drei Atemzüge

Gewöhnen Sie sich selbst und Ihren Kindern an, am Morgen drei Atemzüge lang vor der Haustür stehen zu bleiben. Erst dann geht man, sichtlich „aufgeräumter" und konzentrierter aus dem Haus.

Neben der kurzen Entspannung hat diese Übung noch einen praktischen Nutzen. Meistens fällt dem Kind nämlich jetzt noch etwas ein, was es um ein Haar vergessen hätte: Das Sportzeug z.B., das Milchgeld, die Unterschrift auf dem Elternbrief usw.

Erste Hilfe gegen Stress

- Einmal ums Haus flitzen,
- ein Lied so laut wie möglich pfeifen,
- auf einen Boxsack oder ein Kissen eindreschen,
- „wie ein Elefant“ trampelnd herumgehen oder eine Treppe hinaufstampfen,
- eine alte Zeitung in tausend Schnipsel zerreißen,
- Hände, Arme und Gesicht kalt abwaschen,
- in Gedanken langsam bis zehn zählen, bevor man etwas tut oder sagt,
- mit dem Rücken an eine Wand stellen und mit aller Kraft versuchen, die Wand wegzuschieben,
- Augen schließen! Allein durch den Ausschluss visueller Reize beruhigen sich die Nerven schnell und effektiv,
- die allerschönste und am schnellsten wirkende Art der Entspannung ist die Umarmung von einer geliebten Person.

Morgenmuffel

Morgenmuffligen Kindern und vor allem Teenagern ist geholfen, wenn man den Ablauf aller Tätigkeiten – vom Wecken bis zum Frühstück – gemeinsam festlegt, aufschreibt und zur Routine werden lässt.
Der Morgenplan wird im Badezimmer aufgehängt, sodass man an einem ganz besonders unmenschlichen Morgen noch mal nachschauen kann, wie es jetzt weitergeht.

Schulranzen

Den Schulranzen am Abend davor packen, Sportzeug bereitlegen, eventuell Milchgeld einpacken, die Anwesenheit der Busfahrkarte kontrollieren, …

Ein Lächeln

Ein Lächeln ist ein guter Stresskiller. Wie schön, wenn ein Kind am Morgen das Haus mit einem Lächeln im Gesicht verlässt! Wenn es mal gar nichts zu lachen gibt, tut es auch ein Witz aus der Morgenzeitung.

Keine Eile!

Niemals sollte ein Kind in Eile zur Schule oder zum Schulbus rennen! Lieber dem Kind eine Entschuldigung mitgeben und es dann selbst – verspätet – in die Schule bringen.
Gerade die Eile ist Grund für Unvorsichtigkeit und Ursache vieler Unfälle!

Fahrgemeinschaften

Fahrgemeinschaften zum Kindergarten, zur Schule oder zu regelmäßigen außerschulischen Veranstaltungen sind vernünftig, sparen Zeit und Geld und schützen die Umwelt. Aber auch hier gibt es ein paar Dinge, die man beachten sollte.

- Alle Kinder müssen angeschnallt sein. Geben Sie einfach vor, Ihr Auto fährt nicht, wenn nicht alle angeschnallt sind.
- Vor dem Türeschließen heben alle Kinder ihre Arme in die Luft oder verschränken sie vor dem Körper. Ein Finger in der Autotür ist sehr schmerzhaft!
- Der Fahrer ist der Kapitän. Alle Passagiere richten sich nach seinen Anweisungen. Auch die „Lufthoheit" obliegt dem Kapitän. Er entscheidet, ob und wenn „ja" welche Musik oder Geschichten im Auto angehört werden.
- Singen schafft gute Laune und beschäftigt.
- Einen Spiegel auf den Beifahrersitz legen. Bei kurzen Stopps kann man mit dem Spiegel gefahrlos einen Blick auf das Treiben auf den Rücksitz werfen.

Noch mehr Tipps für Fahrgemeinschaften:

- Kinder, auf die die ganze Truppe immer wieder warten muss, sind für eine Fahrgemeinschaft ungeeignet. Sprechen Sie mit den Eltern und machen Sie deutlich, dass Pünktlichkeit für eine Fahrgemeinschaft unerlässlich ist.
- Legen Sie mit allen beteiligten Eltern fest, wo die Kinder im Schulbereich aus dem Auto steigen sollen und wo man sie wieder abholt.
- Safety first! Lieber halten Sie ein paar Meter weiter entfernt von der Schule, wenn der Aus- und Einsteigebereich dort sicherer ist. In Zweifelsfällen fragen Sie bei der Kindergarten- oder Schulleitung nach. Die nennen Ihnen gerne einen sicheren Aus- und Einsteigeplatz für Ihre Fahrgemeinschaft.

Spaß bei der Arbeit

Jede Arbeit geht viel leichter von der Hand, wenn man dabei ein bisschen Spaß macht und lacht. Fetzige Musik steigert das Tempo bei der Arbeit und verbessert die Laune.

Lang lebe die Busfahrkarte

Ein Fahrschüler hat nicht nur seine liebe Not, immer rechtzeitig an der Bushaltestelle zu stehen. Nein, er muss darüber hinaus auch noch täglich im Besitz seines gültigen Fahrausweises sein. Das können die Kinder prima, bis sie etwa 13 Jahre alt sind, danach wird es schwierig!

- Fertigen Sie sofort nach Erhalt der Fahrkarte mindestens eine Fotokopie derselben an. Übrigens bekommen die Schüler ihre Karte meistens innerhalb der ersten 14 Schultage eines jeden Schuljahres.
- Hüllen Sie die Karte mit Tesafilmstreifen auf beiden Seiten ein. So ist das Ding nämlich Schmutz abweisend und abwaschbar geworden.
- Legen Sie die Fahrkarte an die Kette! Durch ein Loch in einer Fahrkartenecke wird eine Schnur oder eine dünne Kette gezogen und mit einem Schlüsselring an einer geeigneten Stelle im Schultascheninneren befestigt. Achten Sie darauf, dass die Schnur so lang ist, dass das Kind die Fahrkarte problemlos vorzeigen kann, ohne sie aus ihrer „Verankerung" lösen zu müssen.

Stress zu Hause

Kein Kind kann in der Schule lernen und ausgeglichen mit seinen Kameraden umgehen, wenn zu Hause Ehestreit tobt, die Mama im Krankenhaus liegt oder der Goldhamster gestorben ist. Solche Dinge nehmen das Kind ganz erheblich mit. Ein kurzer Anruf in der Schule und eine Mitteilung, dass das Kind gerade unter einer besonderen Belastung steht – ohne Details zu nennen – bewirkt, dass der Lehrer eben mehr Verständnis zeigen kann und das Kind wenigstens in der Schule nicht noch durch zusätzlichen Stress („Pass doch endlich auf!“) belastet wird. Auch die Schule kann sich in solchen sorgenvollen Zeiten als „Heimat“ entpuppen.

Tipp: Quatsch statt Aggression

Sobald man registriert, dass ein Kind immer gereizter wird oder gleich aggressiv werden könnte: Machen Sie Quatsch! Ein Lachen befreit, entkrampft böse Gesichter und geballte Fäuste, entspannt die Muskeln und die Atmosphäre.

Notwehr

Erklären Sie Ihrem Kind, dass in Notfällen gute Manieren fehl am Platz sind. Wenn ihm jemand körperlichen Schaden zufügen will oder ein Fremder versucht, das Kind in sein Auto zu ziehen, sind Kratzen, Schreien und „Verpetzen“ sehr wichtige Tätigkeiten. Spielen Sie mit dem Kind solche bedrohlichen Situationen durch, damit es im Notfall nicht „gelähmt vor Angst“ unfähig ist, zu reagieren.

Bello, der Stresskiller

Studien belegen, dass der Umgang mit Tieren auf Kinder entspannend wirkt. Natürlich muss man sich jetzt nicht gleich selbst einen Hund oder eine Katze anschaffen, aber vielleicht gibt es ja in der Nähe einen Vierbeiner, der sich freuen würde auf eine Portion Extrabewegung um den Block. Die Bewegung kommt ja nicht nur Bello, sondern auch wieder dem Kind zum Stressabbau zugute. Auch Nachbars Katze, die gar nicht genug Streicheleinheiten bekommen kann, freut sich vielleicht über einen Besuch des Kindes.

Körperkontakt

Körperkontakt mit Mama, Papa, Oma, Opa und anderen geliebten Familienmitgliedern beruhigt das Kind, gibt ihm Zutrauen und das Gefühl, dass es nicht allein ist. Wenn das Kind z. B. im größeren Kreis etwas erzählen will und sich vor Aufregung immer wieder verhaspelt, genügt es meistens, wenn eine geliebte Person ihre Hand auf die Kinderhand oder die Schulter des Kindes legt – und schon klappt die Sache.

Versäumen Sie keinen Moment, um dem Kind auch körperlich nahe zu sein:

- Gehen Sie Hand in Hand spazieren,
- setzen Sie das Kind auf ihren Schoß, wenn Sie ihm vorlesen,
- klopfen Sie ihm anerkennend auf die Schulter,
- kuscheln Sie sich zusammen mit dem Kind in den Sessel oder auf das Sofa, wenn Sie fernsehen,
- hängen Sie ganz entspannt in der Hängematte mit Ihrem Kind und schaukeln Sie sanft im Sommerwind,
- umarmen Sie Ihr Kind mindestens einmal am Tag und sagen Sie ihm, wie sehr Sie es lieben.

Was tue ich, wenn ...?

Den Kindern wird eine bestimmte Situation vorgegeben und sie müssen Problemlösungen dazu suchen, z. B.: „Was tue ich, wenn ich im Kaufhaus plötzlich alleine dastehe?" Hören Sie sehr gut zu! Besprechen Sie mit dem Kind mehrere Lösungsmöglichkeiten – welche ist die beste?
Wiederholen Sie das Ganze von Zeit zu Zeit. Für das Kind ist so eine Übung sehr wichtig, um zu erkennen, dass es solche dummen Situationen gibt und die Welt nicht untergeht, wenn so eine Situation eintritt. Zum anderen lernt das Kind bestimmte Vorgehensweisen. z. B. sich mit seinem Kummer an Polizisten, Geschäftsleute, ... zu wenden. Aber auch die Eltern profitieren von diesem Spiel. Wer nämlich gut zuhört, der kann sich in einer Notsituation wenigstens so ungefähr denken, was jetzt in seinem Kind vorgeht und was es vermutlich tun wird.

Noch mehr „Was tue ich, wenn …"-Themen:

… wenn ich allein zu Hause bin und jemand an der Tür klingelt?

… wenn ich alleine unterwegs bin und von einem Fremden angesprochen werde?

… wenn mich ein anderes Kind bedroht oder erpresst?

… wenn ich nach Hause komme und niemand die Tür öffnet?

… wenn ich sehe, wie andere Kinder rauchen, alkoholische Getränke oder Drogen zu sich nehmen?

… wenn ich in die Schule komme und etwas sehr, sehr Wichtiges vergessen habe?

… wenn ich sehe, wie ein Mensch von einer Gruppe geschlagen oder beschimpft wird?

… wenn sich jemand verletzt hat oder ich Zeuge eines Unfalls bin?

Ich kann mich nicht beruhigen!

Ein schreiendes Baby kann die ganze Familie in Stress versetzen, der Stress überträgt sich, so schaukeln sich Eltern und Baby gegenseitig hoch. Wenn nichts zu helfen scheint, probieren Sie diese Tricks.

Grundregel: *Haben Sie Geduld! Babys sind nicht so schnell! Brechen Sie also einen Versuch nicht gleich wieder ab, nur weil das Kind weiter schreit.*

- Flüstern Sie mit dem Baby. Ganz leise reden.
- Blasen Sie sanft gegen die Babynase.
- Halten Sie das Baby fest im Arm oder wickeln Sie es wie ein Indianerbaby fest – mit den Armen nach innen – in ein Tuch.
- Drehen Sie die Decke des Kindes um!
- Tragen Sie das Kind durchs Haus.
- Massieren Sie das Baby. Wichtig sind warme Hände und viel Geduld.
- Bitten Sie eine andere Person, das Kind zu beruhigen. Omas oder Geschwister sind eine große Hilfe.
- Lenken Sie das Baby durch ein besonderes Geräusch (z. B. Staubsauger) ab.

Noch mehr Tipps zum Baby-Beruhigen:

- Gehen Sie spazieren! Frische Luft tut beiden gut.
- Eine warme Milch- oder Teeflasche macht auch noch größere Kinder müde!
- Legen Sie sich das Baby übers Knie und streicheln Sie seinen Rücken.
- Legen Sie das Baby auf den Bauch und wackeln Sie sanft seinen Po.
- Ziehen Sie dem Baby das Schmusetuch über die Augen. Dabeibleiben, bis das Baby sich beruhigt hat, dann sanft das Tuch wieder von den Augen ziehen.
- Lassen Sie das Baby Musik hören. Besonders wirksam ist die Musik, die Ihr Baby schon während der Schwangerschaft gehört hat.
- Baden Sie das Baby oder baden Sie mit dem Baby.
- Schalten Sie Meditationsmusik ein oder Aufnahmen von Naturgeräuschen wie „Murmelnder Bach".
- Viele Babys schlafen im fahrenden Auto problemlos ein (... und wachen wieder auf, sobald der Motor abgeschaltet wird ...).

Schattenboxen

Das Kind steht so im Raum, dass es auch mit ausgestreckten Armen keinen anderen Menschen oder Gegenstand berührt. Jetzt stellt es sich einen Gegner vor, den es nun nach Herzenslust boxen, kneifen, schlagen oder treten darf. Schimpfen, fluchen oder beleidigen ist ausdrücklich gestattet, jedoch stets lautlos.

Nach einigen Minuten wird der Schattenkampf wegen K.o. des Schattengegners beendet.

Ein Hit!

Nach einer Phase konzentrierter Arbeit wird Musik eingeschaltet. Es ertönt ein bekannter Hit (besonders geeignet sind so genannte Faschings- oder Sommerhits!)
Das Kind bewegt sich zur Musik, schüttelt Arme und Beine aus, wackelt mit allem, was wackeln kann, klatscht, hüpft und hampelt herum, um sich kurz aber intensiv auszutoben.

Ein stiller Freund am Fensterbrett

Es ist nachgewiesen, dass Grünpflanzen eine beruhigende Wirkung haben. Eine Pflanze im Kinderzimmer weckt im Kind das Gefühl, sich für etwas Lebendiges verantwortlich zu fühlen. Ganz nebenbei kann man Wachstum, Blüten und Früchte ganz in Ruhe beobachten und wenn man Glück hat, sogar Ableger an Freunde verschenken.
Eine Grünlilie eignet sich besonders gut als Kinderzimmerpflanze, weil sie gelegentliche Misshandlungen nicht übel nimmt.

Die Arbeitslawine

Es gibt Zeiten, da hat das Kind so viel zu tun, dass es wie gelähmt ist und nicht mehr weiß, was es als erstes in Angriff nehmen soll. „Erste Hilfe“ in solchen Fällen besteht darin, alle Arbeiten auf einem Zettel aufzulisten. Erst einmal niedergeschrieben wirken die Aufgaben weitaus ungefährlicher und man kann sich Schritt für Schritt an die Arbeit machen. Ist eine Arbeit getan, wird das entsprechende Stichwort auf dem Zettel durchgestrichen. So sieht das Kind gleich seinen Erfolg bei der Bewältigung der Arbeiten.

Tipp: Ordnung für Krimskrams

Kleine Dinge wie Holzperlen, Legosteine, Zubehör der Playmobilmännchen usw. kann man prima in Eierkartons verstauen.

Was riecht denn da so gut?

Duftöle verbreiten nicht nur einen angenehmen Geruch, sie fördern auch das Wohlbefinden und damit die Entspannung. Besonders an Krisentagen ist der Einsatz eines Duftlämpchens empfehlenswert.
Probieren Sie aber erst an einem „normalen“ Tag die verschiedensten Düfte mit Ihrem Kind aus. Nicht jeder Duft wirkt für jeden Menschen gleich, egal was auf dem Fläschchen steht! Das Kind darf sich seinen Lieblingsduft aussuchen. Er wird ihm dann in den Krisenzeiten zur gewünschten Entspannung helfen.

Nur ein paar Minuten ...

Gönnen Sie sich und Ihren Kindern das Vergnügen, sich in einen Sessel zu lümmeln, anstatt sich brav auf den Sessel zu setzen. Schließen Sie die Augen und hören Sie Ihre Lieblingsmusik an.

Vivaldi im Mamataxi

Hören Sie im Auto mit den Kindern klassische Musik! Sie wirkt meistens beruhigend und entspannend und dämpft den oft unangenehmen Lärmpegel.

Tipp: Keine Gleichbehandlung

Versuchen Sie nie, alle Kinder gleich zu behandeln, denn das wäre ungerecht. Jedes Kind ist einzigartig und hat auch ein Recht darauf, individuell behandelt zu werden.

Der Quetschbeutel

Kleine Plastikbeutel mit einem Reißverschluss werden durch besondere Füllungen zu Quetschbeuteln. Solche Füllstoffe sind z. B.:

- Rasierschaum
- weicher Salzteig
- Schnee
- Sand-Wasser-Matsch
- Kartoffelmehl – Wassergemisch

So ein Quetschbeutel tut besonders gute Dienste bei angestauten Aggressionen, Nervosität und Stress.

Tarzan

Einmal aus Leibeskräften schreien, kreischen oder brüllen hat etwas Befreiendes und löst aufgestaute Aggression sofort. Das klappt übrigens nicht nur bei Kindern!

Tipp: Schlechte Verlierer

Bei wem öfters mal die Gesellschaftsspiele durchs Wohnzimmer fliegen, der beugt den Frustrationserlebnissen vor, indem alle fünf Minuten (Eieruhr!) die Seiten getauscht werden.

Ein Lied zum Ausgleich

Suchen Sie für Ihr Kind ein ruhiges Lied aus, das Ihnen selbst auch gut gefällt und eine beruhigende Wirkung auf Sie selbst hat. Singen Sie das Lied immer wieder vor dem Einschlafen und in gemütlichen, ruhigen Phasen, zum Beispiel, wenn Sie miteinander in der Hängematte schaukeln! Die Wirkung des Liedes kann Ihnen in schwierigen Situationen (Krankenhaus, Trauer und dergleichen) helfen, das Kind zu beruhigen.

Wo man singt ...

Gemeinsames Singen baut Stress ab und stärkt das Immunsystem und das Zusammengehörigkeitsgefühl der Familienmitglieder. Studien belegen, dass Chorsänger im Vergleich zu anderen Menschen entspannter, ausgeglichener und fröhlicher sind.

Zeit für den Heimweg

15 Minuten bevor kleine Besucher nach Hause aufbrechen müssen, klingelt lauthals der Küchenwecker. Zeichen für alle, dass das Spiel jetzt zu Ende gebracht werden muss. Zeit, um mitgebrachte Spielsachen einzusammeln, Zeit um nach Mütze und Handschuhen zu suchen, den Saft auszutrinken und „Auf Wiedersehen“ zu sagen. Ende gut, alles gut! Denken Sie daran und vermeiden Sie, dass der Aufbruch ein chaotisches Durcheinander wird.

Auf dem Teppich bleiben!

Warum enden so viele „schöne Wochenenden“ in Familienstreitereien? Ganz einfach:

- Jeder hatte (zu) viele Erwartungen. Mama wollte endlich mal wieder ihre Lieben ganz für sich haben, die Tochter wollte endlich mal ohne Schulstress Spaß in ihrer Clique haben, der Sohn wollte eigentlich nur das ganze Wochenende schlafen und abends in die Disco und Papa hatte sich vorgenommen, mit dem Sohn zum Fußballspiel zu gehen, mit der Tochter die letzte verkorkste Lateinschulaufgabe zu besprechen und danach endlich den lästigen Steuerkram zu erledigen.
- Streit ist hier vorprogrammiert. Je höher die Erwartungen der Einzelnen sind, umso größer die Chance, bittere Enttäuschungen zu erleben. Darum: Immer schön auf dem Teppich bleiben!
- Vor dem Wochenende sollte die ganze Familie besprechen, was sich jeder Einzelne wünscht. Dann sollten akzeptable Kompromisse geschlossen werden. Je geringer die Erwartungen an die anderen, umso sicherer wird's ein „schönes Wochenende“!

Den Stress verschaukeln

In einer Hängematte oder in einem Schaukelstuhl, eng an eine geliebte Person geschmiegt, so lässt sich Stress im turbulenten Kinderleben einfach wegschaukeln. Auch der Erwachsene findet Ruhe und Entspannung beim Schaukeln – und das wirkt sich natürlich wieder positiv auf das Kind aus.
Größere Kinder und sogar aus dem Lot geratene Teenager entspannen und beruhigen sich schnell, wenn sie in den Arm genommen und sanft geschaukelt werden.

Wellness für Minis

Kinder lieben Entspannungsmassagen. Wichtig sind Ruhe, warme Hände, viel Geduld und natürlich die ungeteilte Aufmerksamkeit von Mama oder Papa. Die Massage wirkt meistens entspannend für das Kind und für den „Masseur" zugleich. Vielleicht kommt man dabei ja auch ins Plaudern und erfährt von den Dingen, die dem Kind derzeit Probleme machen. Hören Sie gut zu!

Das Anti-Stress-Bad

Wunderbar entspannen kann das Kind im warmen Badewasser. Ein paar Tropfen Aromaöl, z.B.: Zimt oder Honig, leise Musik und die Mama sitzt auf dem Badewannenrand und hört zu, wenn man von seinem Tag in der Schule oder im Kindergarten erzählt: Was will man mehr?

Tief durchatmen!

Sowohl Kinder als auch Eltern beruhigen sich schnell, wenn sie tief einatmen, in Gedanken bis drei zählen, wieder ausatmen und dabei bis drei zählen.
Das Ganze dreimal wiederholen und schwups, ist der Ärger zwar noch immer da, aber bereits auf ein erträgliches Maß geschrumpft.

Stresskiller vor der Abreise: Schweigeminute

Ein sehr erprobter und immer erfolgreicher Stresskiller vor der Abfahrt zum Stadtbummel, zum Verwandtenbesuch, ins Wochenende oder in den Urlaub geht so: Sind alle Dinge im Fahrzeug verstaut, trifft sich die ganze Familie noch einmal und setzt sich um den Tisch herum. Eine Minute lang wird jetzt geschwiegen. Dabei ordnen sich die aufgeregten Gedanken, der Atem beruhigt sich, die Anspannung entweicht und manchem fällt jetzt gerade noch etwas ein, das er bestimmt vergessen hätte. Ist die Schweigeminute vorbei, setzen sich alle relativ entspannt ins Auto und düsen los.

Im Kreise der Familie

Im Fernsehen ist es bei Sportübertragungen oft zu sehen: Erwachsene Sportler bilden einen engen Kreis, stecken die Köpfe zusammen und flüstern sich geheime Anweisungen oder aufbauende Sätze zu.
Ein Familienkreis, in dem jeder seine Nachbarn links und rechts umarmt und ihm vielleicht etwas Nettes zuflüstert, gibt dem Kind das Gefühl aufgehoben und geborgen zu sein, geliebt zu werden und ein wichtiger Teil dieser kleinen Gemeinschaft zu sein.
Dieses sichere Wissen bildet die schützende Basis auf der die Unbilden seines Lebens abperlen werden und Stress keine Chance bekommt, ernsthafte Schäden zu verursachen.

Was sonst noch entspannt …

Entspannung tut gut und man sollte sich öfter eine Entspannungs-Auszeit gönnen:

- eine Tasse heißer Kakao mit viel aufgeschäumter Milch darauf,
- einen Kaugummi kauen,
- ein Kuschelstündchen auf dem Sofa unter einer großen warmen Decke,
- im Schaukelstuhl schaukeln,
- mit der geliebten Oma telefonieren,
- ein Weilchen durch die Wohnung getragen werden,
- eine Hörspielkassette anhören. Am besten eine, für die man eigentlich schon zu alt ist,
- ein auf der Heizung vorgewärmter Schlafanzug,
- Mama krault eine Weile den Bauch oder Rücken,
- eine Geschichte vorgelesen bekommen,
- eine Wärmflasche im Bett,
- man sortiert etwas, z. B.: Gummibären nach der Farbe, Legosteine nach der Größe, Kuscheltiere nach Beliebtheitsgrad.

Noch mehr Tipps für die Entspannungs-Auszeit:

- das Familienfoto zum Angucken vor dem Einschlafen,
- mit dem extraweichen Mama-Kissen kuscheln,
- eine besondere Wärmflasche, z. B. eine mit einem kuscheligen Flauschmantel, wärmt den Bauch oder die Füße,
- man zieht sich Papas weichen und nach Papa riechenden Pulli als „zweite Haut" über,
- ein Zauberbonbon gegen Kummer, Langeweile und Schmerzen darf gelutscht werden.

Pssst!

Sagen Sie nichts! Halten Sie das Kind in Ihren Armen und genießen Sie die Ruhe und Entspannung, die von dieser Zärtlichkeit ausgeht. Das Kind fühlt sich geliebt und geborgen. Es entspannt sich und tankt neue Kraft.

Unter freiem Himmel

Schöne Erinnerungen sammeln

Um den dritten Geburtstag herum, entstehen Erinnerungen. Jetzt wird nicht länger gleich vergessen, was sich ereignet hat, sondern viele, vor allem natürlich besonders eindringliche Erlebnisse, bleiben nun im Gedächtnis haften. Viele schöne Erinnerungen können, einmal gespeichert, später wieder abgerufen werden und dienen als Trost, als Mutmacher, als Labsal für die Seele. Alle fröhlichen, außergewöhnlichen Spiele und Unternehmungen haben das Zeug dazu, im Gedächtnis hängen zu bleiben und machen die „Highlights“ der Kindheit aus.

Mein Lieblingsplatz

Jedes Kind hat einen ganz besonderen Lieblingsplatz in der Natur. Das kann die Ecke hinter der Regentonne sein oder ein Ort mit toller Aussicht auf den Kinderspielplatz.
Lassen Sie sich den Lieblingsplatz von Ihrem Kind zeigen und nehmen Sie gemeinsam alle Dinge, Geräusche und Gerüche bewusst wahr. Dann, am nächsten Wochenende, statten Sie diesem Platz einen Nachtbesuch ab. Mit Taschenlampe oder Laterne ausgerüstet, wird so eine Nachtwanderung besonders spannend.
Wie fühlt man sich jetzt bei Dunkelheit an diesem Platz?
Was hat sich verändert? Welche Geräusche fehlen, welche sind im Dunkeln deutlicher zu hören oder gar neu dazugekommen?

Rate mal!

Dem Kind werden die Augen verbunden. Ein Erwachsener führt es nun ums Haus herum und bleibt zum Beispiel beim Briefkasten stehen. Er nimmt die Hand des Kindes, legt sie auf den Briefkasten und lässt das Kind den Gegenstand abtasten. Errät es, um was es sich hier handelt, wird es gleich zum nächsten Rate-Gegenstand geführt, beispielsweise soll es nun die Lampe vor dem Haus, eine besondere Blüte, den Griff vom Gartentor usw. ertasten.

Matsch mal!

Wasser gemischt mit Erde oder Sand ergibt Matsch. Was für ein unwiderstehliches Gefühl, wenn sich Finger und Zehen in den weichen Matsch graben! Leider scheiden sich in Sachen „Matsch" oft die Geister, dabei ist dieses glitschige Element für Kinder ein Paradies. Es gibt wenig Spiele, bei denen ein Kind so hingebungsvoll vertieft und dabei entspannt ist. Also gönnen Sie Ihrem Kind dieses Vergnügen und denken Sie daran, dass Kinder ja zum Glück abwaschbar sind!

Matschbilder

Mehrere Bogen Zeitungspapier werden in eine Schüssel voll Wasser gelegt, richtig gut eingeweicht und dann mit einem Löffel (oder Mixer) zu Brei verarbeitet. Aus diesem Matsch formt man dann z.B. auf dem Terrassenboden oder auf großen, flachen Steinen dicke Figuren (Tiere, Männchen, Blumen, Fahrzeuge, ...). Ist die Figur getrocknet, kann man sie mit Wasserfarben anmalen.

Tipp: Bunter Matsch

Zeitungsbrei aufteilen und in jede Portion klein geschnipseltes, farbiges Seidenpapier mischen. So entsteht bunter Matsch.

Mein Freund, der Baum

Ein Baum kann ein wunderbarer Freund sein. Im Sommer kann man in seinem Schatten sitzen, spielen, entspannen und träumen. Man kann im Herbst die bunt gefärbten Blätter sammeln und pressen, die Früchte des Baumes, z. B. Kastanien oder Eicheln, sammeln und damit basteln.
Das ganze Jahr über kann so ein einziger Baum Beobachtungsposten, Spielplatz, Schatten- und Trostspender sein.
Man kann sogar, ganz im Geheimen, seinen Baum richtig lieb haben und umarmen. Wer einen Baum umarmt, spürt seine Lebenskraft und seine Stärke. Spaß macht es auch, wenn sich Kinder ganz speziell um „ihren" Baum kümmern. Die meisten Bäume brauchen mehr Wasser, als sie durch den Regen erhalten. Wie schön, wenn dann ein Kind ab und zu vorbeikommt und eine Gießkanne voll Extra-Wasser mitbringt.

Wipfeln

Das Kind stellt sich an den Baumstamm und schlingt seine Arme um den starken Freund. Dann biegt es seinen Oberkörper nach hinten und schaut hinauf in den Baumwipfel. Je weiter es sich nach hinten biegt, umso höher wandern die Arme. Es gibt so viel zu sehen! Äste, Blätter, ein Vogel, ein Spinnennetz und vieles mehr. Während das Kind den Anblick genießt, dehnt es seine Rückenmuskeln und fühlt sich nach dem Spiel wunderbar entspannt.

Aus dem Leben eines Baumes

Es muss sich gar nicht um eine 500 Jahre alte Eiche handeln, auch die nur einige Jahre alte Kastanie hat schon Dinge gesehen, die man sich kaum vorstellen kann. Das jüngste Kind darf sich auf dem nächsten Spaziergang den schönsten Baum aussuchen. Dann legen sich alle Familienmitglieder darunter und träumen hinauf in den Baumwipfel, betasten die Rinde, riechen am Baum und überlegen sich, wen dieser Baum wohl schon alles vorbeigehen sah. Wie alt mag er sein? Was war los, als der Baum noch ein Baby war?

Schattenmalerei

Das Kind stellt sich mit dem Rücken zur Sonne so auf, dass sein Schatten vor ihm auf dem Asphalt zu sehen ist. Jetzt kann man mit einfachen Bewegungen sein Schattenbild in ein Monster, eine Pflanze, in einen Buchstaben, und was einem da sonst noch so alles einfällt, verwandeln.
Ein ruhiges, kreatives Spiel für Kinder.

Timing

Alles im Leben hat seine Zeit. Kein Mensch wird im Schneesturm zum Blumenpflücken gehen. Gibt es eine heftige Auseinandersetzung mit dem Kind, kann man keine Regeln für künftiges Verhalten aufstellen. Erst wenn der Sturm vorbeigezogen ist, wenn sich alle Beteiligten wieder entspannt haben, können beide Seiten in Ruhe über das Vorgefallene reden und Pläne machen, wie man solche Auseinandersetzungen künftig vermeiden oder in einer anderen, friedlichen Form austragen kann.

Schau genau!

Ein Sommervergnügen für einen richtig schönen Sonnentag: Alle Familienmitglieder liegen bäuchlings nebeneinander im Gras und schauen ganz genau, was sich zwischen den Halmen im Gras tut. Winzigkleine Käferchen krabbeln die Halme hoch, Ameisen wetzen am Boden zwischen den Halmen hin und her, eine Grille springt gleich einen halben Meter weit, … Eine Beschäftigung, die wunderbar entspannt und niemals langweilig wird.

Pusteblume

Das ist ein Spiel für den Spaziergang am Sonntagnachmittag im Frühsommer.
Wer kann nun eine Pusteblume so vorsichtig abpflücken, dass sie dabei nicht ein Samenschirmchen verliert? Und wer kann so fest gegen eine Pusteblume blasen, dass alle Samenschirmchen auf einmal davonfliegen?

Spinnennetz

So ein Spinnennetz ist ein wunderschönes und höchst interessantes Gebilde, wenn man sich nur mal die Zeit nimmt, es ganz genau zu betrachten.
Mit einer Sprühflasche wird etwas Wassernebel vorsichtig auf das Spinnennetz gesprüht. Jetzt ist die Bauweise noch besser zu erkennen, und man wird sicherlich mit Staunen und Bewunderung an den kleinen Architekten denken. Ein Kind, das Gelegenheit hat, solche Naturwunder in Ruhe zu bestaunen, wird niemals auf den Gedanken kommen, Dinge wie ein einfaches Spinnennetz mutwillig zu zerstören.

Sammelbilder

Die ganze Familie sucht nach Zweigen, Blättern, Gräsern und Blüten. Das jüngste Kind legt sie zu einem Bild auf dem Boden aus. Ein Rahmen aus Zweigen oder Steinen macht sich gut und verhindert, dass unwissende Spaziergänger aus Versehen ins Kunstwerk treten.

Mit allen Sinnen

Irgendwann beim Waldspaziergang ruhen sich alle Familienmitglieder auf einem umgefallenen Baum aus. Keiner sagt mehr etwas, alle schnuppern ganz bewusst die Waldluft und lauschen den vielfältigen Geräuschen:
Blätter rauschen, Bienen summen, ein kleiner Bach plätschert, Vögel singen, … Was für eine Erholung für kleine und große Waldbesucher!

Tipp: Spielzeug für draußen

Alle einsammelbaren Spielzeuge für draußen, wie Bälle, Federballschläger, Auto und Sandspielzeug, werden in einer eigens für diesen Zweck aufgestellten, witterungsbeständigen Kiste mit Deckel oder in einer Plastiktonne untergebracht. Das erspart das ewige Saubermachen, die Spielsachen halten länger und trotzdem ist nach einem spielintensiven Tag wieder Ordnung im Garten – und der Briefträger stolpert nicht über den umgekippten Plastikbagger!

Tanz der Sonnenstrahlen

Mit einem kleinen Taschenspiegel kann das Kind Sonnenstrahlen einfangen und an einer Hauswand tanzen lassen.
Wer will, malt Bilder an die Wand und lässt die Mitspieler raten, was da gerade gemalt wird.

Zeit zum Bummeln

Hier mal schauen, dort mal riechen – ganz allein mit Mama oder Papa in die Stadt gehen ist schon deshalb ein Vergnügen, weil heute einmal richtig viel Zeit zum Gucken ist. Das kommt einem Kind, das noch nicht mit Blick auf die Uhr lebt, sehr entgegen, denn es gibt in jedem Laden, auf jedem Marktstand eine Menge Interessantes zu sehen: Rosa Früchte mit Stacheln, blaue Fische mit Riesenaugen, orangefarbener Blumenkohl und das sind nur ein paar Beispiele für Neuentdeckungen.
Es macht Freude, ganz entspannt und ohne Kaufabsichten zu bummeln, Geräusche zu sammeln, die ganz anders sind als die zu Hause, und tausend neue Gerüche wahrzunehmen.
(Eine Tasse Kakao im Café wäre natürlich ein besonders toller Abschluss!)

Der Regenpfützen-See

Eine kleine Pfütze wird nach dem Regen zum gemütlichen Badesee für kleine Plastikpüppchen und Papiersegelboote, wenn man das „Ufer" mit Stöckchen, Moos und Gras „befestigt". Je nach Lust und Laune kann das Kind noch eine Fischerhütte aus einem kleinen Karton an den See stellen, Enten aus Resten von Alufolie knüllen und auf dem See schwimmen lassen und vieles mehr. Ein sehr entspannendes Vergnügen!

Im Park

Mit den Eltern oder Großeltern in den Park gehen ist immer eine schöne und entspannende Unternehmung. Dort könnte man nämlich zum Beispiel:

- Die Enten und Schwäne besuchen, ihnen Namen geben und sie füttern.
- Naturgeräusche wie Vogelgezwitscher oder Blätterrauschen mit dem Kassettenrekorder aufnehmen.
- Sich in Ruhe auf eine Parkbank setzen und den Menschen zuschauen. Dabei könnte man überlegen: Wer ist das wohl, der dort vorne auf der Bank sitzt. Wie heißt er, was ist er von Beruf, …
- Eine Schnur mitnehmen und den dicksten Baum im Park suchen, den Bauchumfang mit der Schnur abmessen, Schnur markieren und dann gleich nach einem noch dickeren Baum Ausschau halten.
- Sich auf die Parkbank legen, den Kopf in Omas Schoß betten und hinauf zu den Wolken träumen.
- Den Weg durch den Park ab und zu mit einem Stück Kreide markieren und auf dem Heimweg nach diesen Zeichen suchen.

Und weiter geht der Spaß …

… wenn die Familie sich im Park tummelt:

- Die ganze Familie legt sich ins Gras, breitet Arme und Beine aus und lauscht entspannt den vielen leisen Geräuschen ringsumher: Eine Hummel brummt über die Köpfe hinweg, eine Grille zirpt, der Wind streicht durch das Gras …
- Das Kind streichelt ein Moospolster und schaut es sich ganz genau mit einer Lupe an.
- Wir überlegen uns, welche Tiere auf dieser Wiese und welche Tiere unter der Erde wohnen.
- Die Kinder schauen nach, was unter großen Steinen oder Steinplatten los ist. Da gibt es Ameisen, Käferlarven, Asseln und viele andere Insekten.
- Die Familie geht morgens barfuss durchs Gras.
- Die Kinder fragen alle Hundebesitzer, an denen sie im Park vorbeikommen, nach den Namen ihrer Hunde und staunen darüber, welche komischen, lustigen oder ungewöhnlichen Namen es so gibt.

Wir hängen in der Matte

Zusammen mit dem Kind in einer Hängematte zu liegen ist ein wundervolles, entspannendes Vergnügen. Man kann kuscheln, erzählen und im „Wolkenkino" die ulkigsten Figuren erspähen, man kann träumen, Zukunftspläne schmieden und natürlich schaukeln.

Gedanken in der Hängematte

Da liegt man nun ganz faul und entspannt neben Mama oder Papa in der Hängematte, schaukelt vor sich hin und kommt dabei auf die tollsten Ideen!

- Was wäre, wenn plötzlich die Sieben Zwerge vorbeimarschieren würden? Was würden wir sie fragen?
- Gerade schwebt eine merkwürdige Truhe an einem Fallschirm herunter und landet genau in unserem Garten. Was da bloß drin ist?
- Was wäre, wenn es plötzlich zu schneien begänne?
- Was würden wir machen, wenn das Gras plötzlich rot, (klebrig, essbar, ...) wäre?
- Da wären wir aber überrascht, wenn hier plötzlich ein Schneemann entlang gewatschelt käme! Wie würden wir reagieren?

Wenn ich ein Vöglein wär' ...

Alle Spieler stehen auf der Wiese und halten ihre Arme locker parallel zum Körper. Während die Mama jetzt langsam bis vier zählt, heben alle Vögel ihre gestreckten Arme, bis die Hände auf Schulterhöhe sind, und atmen dabei tief ein. Dann senken alle die Arme langsam und die Mama zählt dazu wieder bis vier.
Alle stellen sich vor, sie seien Vögel, die ganz hoch oben am Himmel im warmen Sonnenlicht fliegen. Ganz gleichmäßig und geschmeidig werden die Arme auf und nieder bewegt, ganz gleichmäßig wird ein- und ausgeatmet.
Irgendwann halten es die Vögel dann nicht mehr auf ihren Plätzen aus und flattern kreuz und quer über die Wiese.

Zur guten Nacht

Schlaf, Kindlein, schlaf ...

Manche Kinder schlafen problemlos – aber leider sind das immer die Kinder der anderen Eltern! Bei Einschlafproblemen zeigt sich schon, wie selten sonst, die Individualität der Allerkleinsten. Hier einige Tipps und Tricks für eine entspannte Zeit zwischen Tag und Traum.

Abenteuer bei Nacht

Die ganze Familie wandert in der Nacht mit Laternen oder Taschenlampen zum Wald und spaziert erst ein bisschen am Waldrand entlang, um die Augen an die Dunkelheit zu gewöhnen. Dann marschieren alle mutig in den Wald hinein. Wer meint, dort im Wald sei es ganz still, irrt sich gewaltig. Alle schließen die Augen und lauschen. Nach kurzer Zeit kann man schon viele verschiedene Geräusche unterscheiden. Aber nicht nur die Lauscher kommen auf ihre Kosten: Im Wald gibt es eine Menge verschiedener Gerüche zu erschnuppern und zu unterscheiden: der Geruch nach moderndem Holz, nach Pilzen, Harz und vielem mehr. Wer es genau wissen möchte, betrachtet die Dinge im Strahl der Taschenlampe und wird staunen, wie viele kleine Tierchen ebenfalls bei Nacht unterwegs sind.

Unter freiem Himmel schlafen

Ein Familienerlebnis erster Klasse ist es, wenn alle in einer warmen Sommernacht dicht aneinander gekuschelt unter freiem Himmel schlafen. Tagsüber bereitet man sich ein weiches, ameisenfreies Lager vor und legt auch schon die notwendigen Accessoires wie Taschenlampe, Insektenspray oder eine Thermosflasche für den warmen Tee bereit.
Ganz egal, ob man nur so zu den Sternen hinaufschaut oder ob man jemanden bei sich hat, der Interessantes über die Sternbilder und das Weltall zu erzählen weiß – es ist ein tolles Erlebnis, das Kinder wie Erwachsene lange in Erinnerung haben werden.
Übrigens: Nicht vergessen, nach Sternschnuppen Ausschau zu halten und sich schnell was wünschen, wenn man eine sieht!

Abendspaziergang

Ein Abendspaziergang um den Häuserblock an der Hand von Mama und Papa tut jedem Kind gut, entspannt und befreit von Stress. So ein Spaziergang wird auch bestimmt nicht langweilig, wenn man zum Beispiel:

- alle 50 Meter die Gangart wechselt: einmal wird gelaufen, einmal gehüpft, dann wieder wird mit winzigen Tippelschritten gegangen und die nächsten 50 Meter werden mit riesigen Monsterschritten zurückgelegt.
- „Ich seh' etwas, das du nicht siehst" spielt. Also: „Ich seh' etwas, das du nicht siehst und es ist groß und grau und hat einen Deckel."
- heimlich und leise einer Katze folgt, die um die Häuser tigert.

Soo groß!

In vielen Familien gibt es eine Wand oder einen Türstock an dem das Wachstum des Kindes dokumentiert wird. Immer wieder mal wird die Größe gemessen und mit einem kleinen Strich markiert.
Jetzt messen wir nicht die wirkliche Größe, sondern die Höhe, die das Kind mit den Fingerspitzen erreicht, wenn es sich ganz besonders streckt, die Arme noch ein bisschen weiter nach oben reckt und natürlich dabei auf Zehenspitzen steht.
Jeden Tag oder zumindest alle paar Tage sollte das Kind nun versuchen, diesen obersten Strich wieder mit seinen Fingerspitzen zu erreichen oder sogar den eigenen Größenrekord noch einzustellen. Dabei werden die Muskeln des Kindes optimal gedehnt und manchmal auch Verkrampfungen im Schulterbereich gelöst.

Einschlafhilfen

Feste Rituale sind ganz besonders vor dem Einschlafen hilfreich. Neben dem traditionellen Abendgebet gibt es noch eine Menge anderer Möglichkeiten:

- ein Schlaflied singen,
- den Stofftieren gute Nacht sagen,
- ein Bilderbuch gemeinsam anschauen,
- mit dem Kind gemeinsam die Vorhänge zuziehen bzw. den Rollo herunterlassen,
- noch einmal den vergangenen Tag Revue passieren lassen,
- eine Spieluhr aufziehen oder das Mobile über dem Bett tanzen lassen,
- vor dem Schlafengehen ein wenig im Schaukelstuhl schaukeln,
- Eine kleine Fußmassage, bei der jedem winzigen Zeh freundlich „Gute Nacht" gesagt wird, macht Spaß und entspannt,
- beim Lichtausdrehen ganz großen Theaterzauber machen – aber lassen Sie sich nicht zu Zugaben erweichen!

Das „Guten-Abend"-Licht

Kerzenglanz verzaubert sogar überdrehte Kinder. Sie werden ruhig und entspannt, beinahe schon andächtig. Nutzen Sie diesen Umstand und schenken Sie jedem Kind einen netten Kerzenständer. Am Abend nach einem besonders hektischen Tag und natürlich auch immer dann, wenn es etwas zu feiern gibt, darf das Kind seine Kerze selbst anzünden. Vielleicht stehen die Kerzen schon beim Abendessen bereit, vielleicht werden sie auch erst angezündet, wenn die Mama oder der Papa ans Bett kommen, um eine „Gute-Nacht"-Geschichte vorzulesen.

Tipp: Der Gute-Nacht-Alarm

Um ständige Diskussionen zu verhindern, ob es nun schon Zeit zum Bett-Gehen ist oder ob man die „Aufbleibe"-Zeit nicht doch noch verlängern kann, gibt ein Küchenwecker das Alarmsignal. Kinder akzeptieren die Autorität eines schrillen Weckers oftmals eher als die Bitten und Ermahnungen der Eltern.

Die Schlaf-Schaukel für Kuscheltiere

Zuerst darf sich jeder Spieler ein Kuscheltier aussuchen, das er in den Schlaf wiegen möchte. Dann legen sich alle auf den Boden. Nun legt sich jeder sein Tierchen auf den Bauch. Mit tiefen, gleichmäßigen Atemzügen, bei denen sich der Bauch nach oben und unten bewegt, werden die Kuscheltiere sanft in den Schlaf geschaukelt.

Eine Frage, jeden Tag

Das könnte auch ein Teil des täglichen Zu-Bett-Geh-Zeremoniells sein. Eine bestimmte Frage, die jeden Tag wieder gestellt und beantwortet wird, wie z. B.:

- Was war das Tollste, das heute passiert ist?
- Wovon möchtest du heute gern träumen?
- Worüber hast du heute gelacht?

Ein bisschen Friede …

Selbstverständlich gibt es zwischen Eltern und Kindern Streit, Missverständnisse, Enttäuschungen. Aber nichts auf der Welt ist es wert, dass es über Nacht ausgedehnt wird. Spätestens beim Gute-Nacht-Sagen muss der Streit sein Ende haben und ein Neuanfang in Aussicht gestellt werden. Ich meine nicht, dass man als Vater oder Mutter nun gezwungen ist, den Ärger herunterzuschlucken – aber schon im eigenen Interesse muss ein Ende der Auseinandersetzung gefunden werden. Vielleicht hilft ein Satz wie: „Ich liebe nicht immer die Dinge, die du tust – aber dich liebe ich immer …“ Auch beim Einlenken nach einer Auseinandersetzung sind die Eltern stets Vorbild. Wer zeigt, wie es geht, dem anderen die Hand zu reichen trotz erlittenen Schmerzes, dem wird eines Tages auch die Hand gereicht oder er wird Zeuge, wie das eigene Kind einem anderen die Hand reicht, um wieder Frieden zu schließen.

Hörspiel für Lauscher

Es braucht etwas Zeit, um von einem aktiven, lustigen Kind zu einem friedlichen, ruhigen Träumer zu werden. Dieses kleine Spielchen ist für die „Schleusenzeit“ zwischen Tag und Traum gut geeignet.

Ein laut tickender Wecker oder ein sehr leise eingestelltes Radio wird im Zimmer versteckt. Das Kind lauscht ganz gebannt in die Dunkelheit. Wo tickt es denn da? Toll, wer das Versteck erlauschen kann! Wer nicht gleich darauf kommt, der erhält kleine Hilfen.

Nesthocker

Anstatt sich am Abend vor den Fernseher zu setzen, bauen alle Familienmitglieder gemeinsam ein gemütliches Familiennest. Da werden Polster, Decken und Kissen herangeschleppt, Bücher, Spiele, Musikkassetten und selbstverständlich auch ein Vorrat an warmen Getränken und kleinen Snacks für zwischendurch. Jetzt kann man lesen, vorlesen, Musik hören, kuscheln, reden, und es gibt nur wenig Gründe, die einen dazu bringen werden, das warme Familiennest zu verlassen.

Die Fußmassage

Was gibt es Schöneres zwischen einem warmen Bad am Abend und dem Einschlafen als eine liebevolle Fußmassage? Mit etwas Öl oder Lotion, die man zuerst in den Händen erwärmt, reibt man die kleinen Kinderfüße ein. Beginnend bei den Fußknöcheln arbeitet man sich langsam hoch bis zu den Zehen. Jede einzelne Zehe wird mit sanftem Druck massiert. Kinder lieben Massagen und weil sie alles gerne auch mal selber ausprobieren, sind nach den Teddyfüßen und Bellos Pfoten schließlich auch die Mamafüße an der Reihe.

Tipp: Warme Milch

Ein Glas warme Milch am Abend beruhigt das Kind auf natürliche Weise, liefert dem Körper Kalzium und gehört bei Kindern zu den beliebtesten „Gute-Nacht-Ritualen".

Ein reines Gewissen, ist ein sanftes Ruhekissen

Jeder weiß, dass dieses Sprichwort wirklich zutrifft. Wer Kummer hat, kann sehr schlecht einschlafen, da geht es Kindern wie Erwachsenen gleich. Abhilfe schafft da nur ein Gespräch in größter Ruhe, ganz egal, wie spät es mittlerweile geworden ist. Nicht jeder kann aber den Kummer gleich in Worte fassen.
Behutsame Fragen bzw. Erzählungen der Eltern regen das Kind zum Sprechen an.
Wenn aber trotzdem der Kummer unausgesprochen bleibt, helfen sogar bei großen Kindern liebevolles Kuscheln, Streicheln und ein paar liebe Worte.

Der Wächter

Dass ein Teddybär über ungeahnte Kräfte verfügt, weiß jedes Baby. Also nutzen wir diese Kräfte und stellen den Teddy abends vor die Kinderzimmertür oder das Fenster, um Gespenster, Monster, Flieger, Ufos und was sonst noch so keucht und fleucht abzuschrecken.

Das Traumpäckchen

Fest eingemummelt zu werden, gibt Kindern Sicherheit. Manchmal wirkt es Wunder, wenn man ein Kind, das „gar nicht schlafen kann“, rundherum fest ins Bett packt, die Bettzipfel unter den Körper stopft und sogar noch mit einem Polster den Kopf von oben einrahmt.

Tipp: Leuchtsternchen

An der Kinderzimmerdecke oder neben dem Bettchen an der Wand leuchten die Leuchtsterne nach dem Lichtausmachen noch lange Zeit weiter und eignen sich prima als Einschlafhilfe.

Die Welt von oben

Mama oder Papa und Kind liegen nebeneinander auf dem Bett, schließen die Augen und stellen sich vor, wie es wäre, wenn man als Vogel durch die Lüfte fliegen könnte. Die Arme werden ausgebreitet und man segelt über Wiesen, Berge und Seen. Ein Vogel flüstert dem anderen zu, was er auf seinem Flug sieht: Blumen, Bäume, eine Schafherde, … Entspannung macht sich breit und nicht selten schlafen kleine Vögel während ihres Fluges ein.

Tipp: Geräusche zum Einschlafen

Es gibt Kinder, die gut einschlafen, wenn die Spülmaschine (die Waschmaschine, das Radio …) läuft oder sie das vertraute Ticken eines Weckers hören.

Das Große-Zehen-Theater

Fingertheater kennt jeder, aber Zehentheater ist neu!
Auf die beiden großen Zehnägel des Kindes werden Gesichter gemalt. Am besten mit einem dünnen Pinsel und Wasserfarben, denn die lassen sich gut abwaschen. Dann kann man, je nach Lust und Laune, den großen Zehen noch Hüte aufsetzen – z. B. selbst gebastelte aus Papier. Wegen der besseren Sicht ist es günstig, die Füße auf ein Kissen hochzulegen. Ja, und dann kann's eigentlich schon losgehen.

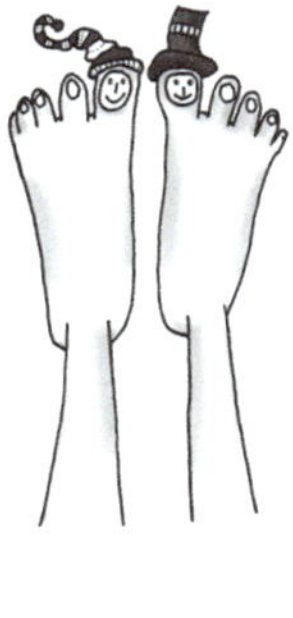

Das Gute-Nacht-Geschichten-Lotto

Für dieses Spiel braucht man viele kleine Zettelchen. Zusammen mit den Kindern werden möglichst lustige Wörter gesammelt und jedes auf ein Zettelchen geschrieben. Solche Wörter können Substantive, Verben oder Adjektive sein.
Die Zettelchen – ungefähr 40 sollten es schon sein – werden zusammengefaltet und in eine Lotto-Schachtel gelegt.
Vor dem Schlafen, wenn das Kind gewaschen im Bett liegt, darf es drei „Lose" aus der Lotto-Schachtel ziehen. Der Geschichtenerzähler liest die Wörter auf den Losen vor und erfindet eine möglichst lustige Quatschgeschichte, in der diese drei Wörter vorkommen müssen. Wirklich toll, was für ein Quatsch da herauskommt – und die Kinder lachen sich kringelig.

Tipp: Kühles Kissen

Wer an ganz besonders heißen Tagen keinen Schlaf findet, sollte sein Kopfkissen für kurze Zeit in den Tiefkühler legen. Diese außergewöhnliche Bettkühlung wirkt nicht nur bei Kindern!

Verschollen in der Besucherritze

Das Elternbett ist eine wunderbare Einrichtung, eine Oase in der Wüste, ein Rettungsnest vor den Härten des Lebens. Wenn ein Kind also nachts angetappt kommt, weil es von bösen Träumen geplagt wurde oder sich plötzlich so alleine fühlt, ist ihm das bestimmt nicht zu verdenken. Das Bedürfnis nach Wärme und Körperkontakt ist bei Kindern groß. Das Elternbett sollte den Kindern immer offen stehen als Zufluchtsort.

Die Bettdecken-Schaukel

Das Kind legt sich auf seine Zudecke. Mama und Papa fassen die Decke an den Ecken und schaukeln das Kind langsam und gleichmäßig hin und her.
Das beruhigt und entspannt.
Noch besser: Vor dem Schaukeln das Licht bis auf eine schwache Lichtquelle „dimmen" und leise, entspannende Instrumentalmusik einschalten.

Die Einschlaf-Rutschbahn

So können sich Kinder am Abend prima entspannen: Die Augen schließen, in Gedanken auf einen Hügel steigen, dabei bis fünf zählen und tief einatmen. Genau bei „Fünf“ ist das Kind auf dem Gipfel des Hügels angekommen. Von hier aus führt eine Rutschbahn auf der anderen Seite des Berges hinab ins Tal. Das Kind setzt sich in Gedanken auf diese Rutschbahn und saust hinunter. Dabei atmet es aus. Natürlich geht es gleich wieder den Berg hinauf: „Eins, zwei, drei, vier fünf …“ und rutscht zum zweiten Mal und gleich danach zum dritten Mal usw.

Tipp: Musik-Sandwich

Eine Spieluhr zwischen zwei kleine Kissen legen und das ganze Paket so in einen Überzug stopfen, dass die Aufziehschnur der Spieluhr noch zu fassen ist. So kann das Kind seinen Kopf auf dieses „musikalische“ Sandwich legen und der gedämpften Musik lauschen.

Gedankenspaziergang

„Stell dir vor, du bist in einem Indianerlager. Was siehst du, hörst und riechst du jetzt?" Das Kind schließt die Augen und erzählt ein bisschen von seinen Eindrücken.
Weitere Ausflugsziele für Gedankenspaziergänge:

- in einer Burg
- in der Unterwasserwelt
- bei den Sauriern
- in einer Bonbonfabrik
- an einem (dem Kind bekannten) Urlaubsort

Entspannung durch Musik

Musik beeinflusst Gefühle und den Zustand der Entspannung. Vor dem Einschlafen hilft leise Musik dem Kind ruhig zu werden. Geräusche aus anderen Zimmern werden durch die Musik übertönt, schirmen das Kind ab, ohne dass sich das Kind „allein gelassen" fühlt.

Dabei ist es egal, welche Art Musik das Kind hört. Wichtig ist nur, dass sie dem Kind gefällt und die Musik selbst leise gestellt wird.

Ein Haus voller Freunde

Auf einem großen Bogen Papier wird ein Haus mit zwölf Zimmern gemalt. In dieses Haus ziehen die besten Freunde des Kindes ein. Etwas Nachdenken muss man da schon: Also, da wären Mama, Papa, Frau Hellmann, der kleine Nachbarsjunge Michi und die Oma, usw. In jedes Zimmer wird ein Foto der Person geklebt oder ein Bild gemalt. Das Haus wird im Kinderzimmer aufgehängt und bietet nun viel Gesprächsstoff vor dem Einschlafen.

Warum mag man die Oma eigentlich so gerne? Na, da kann das Kind bestimmt eine Menge Gründe aufzählen.

Vor dem Einschlafen wählen wir gemeinsam eine Person aus, dann schließen wir die Augen und denken ganz fest und ganz lieb an diesen Menschen. – Ob der das jetzt wohl spürt?

Weg gepustet

Das Kind legt seine schlechten Gedanken und Befürchtungen auf seine Handfläche, holt tief Luft und pustet sie weg.

Das macht es jeden Abend, bevor es dann erleichtert einschläft.

Die Einschlaflampe

Auf den Deckel eines Schuhkartons wird ein einfaches Bild, z. B. ein Stern, ein Baum, ein Herz ... gezeichnet und mit einer spitzen Schere ausgeschnitten. Nun klebt man von innen ein Stück farbiges Transparentpapier oder ein Restchen Seidenstoff gegen den Ausschnitt. Jetzt muss man nur noch eine Taschenlampe in den Karton legen, den Deckel auf den Karton setzen und schon leuchtet die selbst gebastelte Nachtlampe. Mit so einer Lampe kann das Kind wunderbar einschlafen.

Besonders schön ist es, wenn man gleich mehrere Deckel besitzt, die auf den Karton passen, sodass man abwechseln kann und das Licht ab und zu durch ein neues Motiv funkelt.